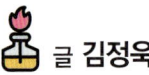 글 **김정욱**

만화잡지 연재를 시작으로 많은 책과, 라디오, 드라마, 웹툰 등 다양한 분야에 글을 썼습니다. 지금은 학습만화와 어린이 소설을 통해 재미있고 유익한 콘텐츠를 만들기 위해 노력하고 있습니다. 대표작으로는 《로봇세계에서 살아남기》와 《Why》, 《Who》, 《설민석의 세계사 대모험》, 《말이야와 친구들》, 《아토모스 기사단》 등이 있습니다.

 그림 **유희석**

신나고 재미있는 그림을 그리기 위해 쉴 틈 없는 매일매일을 보내고 있습니다. 대표작으로는 《단테의 신곡》, 《만화 문화유산답사기》, 《도티&잠뜰 천재 해커의 비밀》, 《쿠키런 과학상식》, 《보물섬》, 《잠뜰TV 픽셀리 초능력 히어로즈》, 《흔한남매 불꽃 튀는 우리말》 등이 있습니다.

 정보 글 **서원호**

초등학교 교감 선생님으로 학생들과 함께하고 있습니다. 경기도 창의융합교육연구회를 운영하고 프로그램을 개발하며 2016년 올해의 과학교사상을 받는 등 과학 교육 분야에서 활발히 활동 중입니다. 지은 책으로는 《밤하늘에 숨은 도형을 찾아라》, 《구석구석 개념 톡, 과학 톡!》 등이 있습니다.

 감수 **김희목** (KAIST 과학영재교육연구원 선임연구원)

강원대학교 과학교육과를 졸업하고 같은 학교에서 과학교육 전공으로 석사, 박사 학위를 받았습니다. 지금은 KAIST 과학영재교육연구원에서 과학 영재 학생들을 위한 콘텐츠 개발과 과학 영재 육성을 위한 나라의 정책연구를 하고 있습니다.

 감수 **권경아** (KAIST 과학영재교육연구원 선임연구원)

서울대학교 생물교육과를 졸업하고 조지아대학교에서 과학교육 전공으로 박사학위를 받았습니다. EBS에서 여러 생명과학 교재들을 기획, 개발하였고 지금은 KAIST 과학영재교육연구원에서 과학 영재 학생들을 위한 콘텐츠 개발과 정책 연구를 하고 있습니다.

등장인물

레너드
미스터리가 있는 곳이라면 어디든 달려가는 시크릿 에이전시의 정예 요원.

룰라송
레너드 요원과 찰떡 호흡을 자랑하는 시크릿 에이전시의 요원.

너굴 박사
시크릿 에이전시 소속 과학수사본부의 박사. 언제나 과학 연구에 몰두한다.

도치 박사
베일에 싸인 변방의 과학 박사. 너굴 박사를 질투한다.

러시
카리스마를 뽐내며 레너드 요원을 돕는다. 운동은 만능!

미스터 블랙
누구도 그의 얼굴을 본 적 없지만 미스터리 사건 뒤에는 항상 그가 있다.

차례

프롤로그 · 6

1장 유령을 보는 아이 · 9

2장 숨겨진 비밀 · 31

3장 보물은 어디에? · 65

4장 빛의 역습 · 95

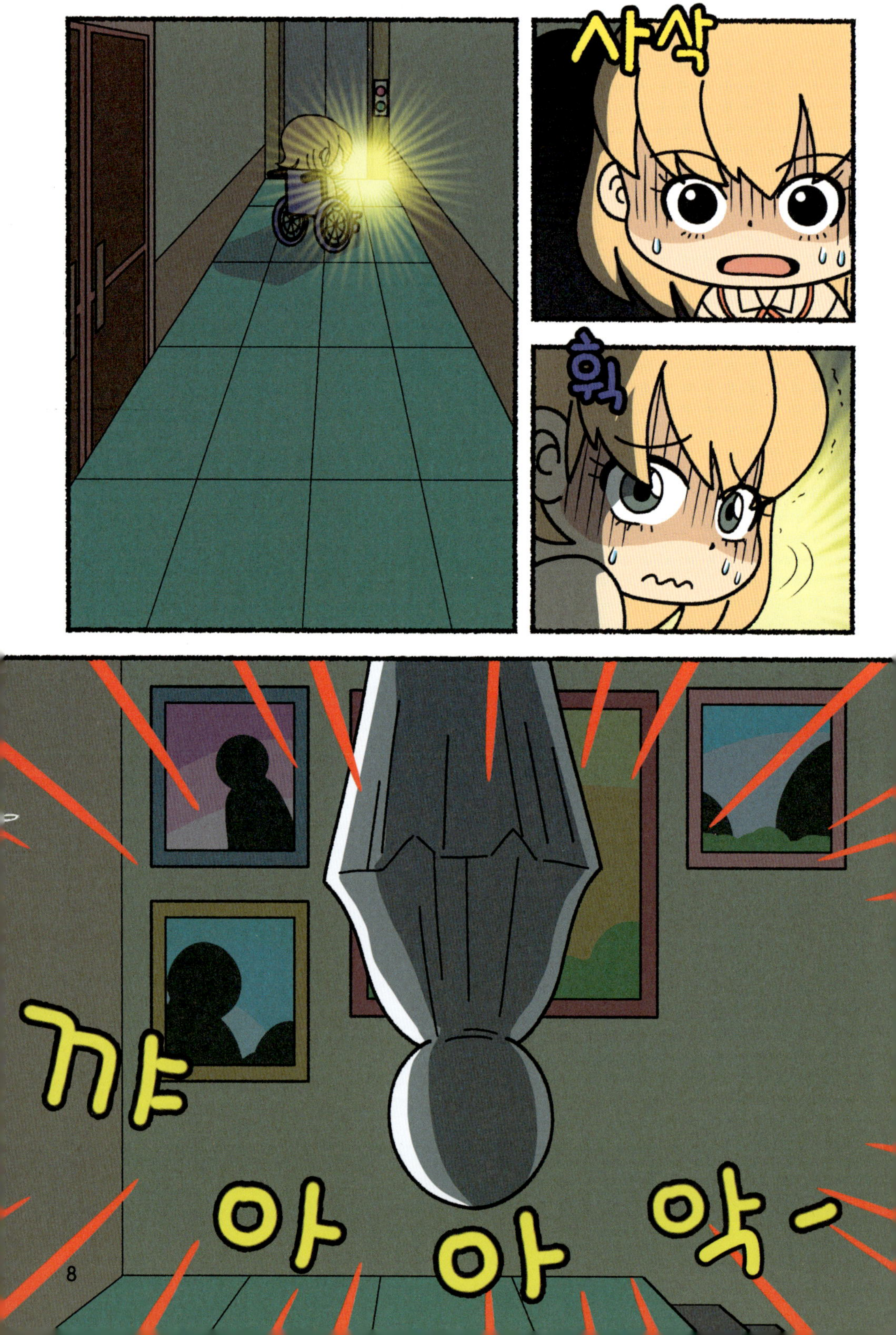

사삭

휙

꺄

아 아 악-

1장

유령을 보는 아이

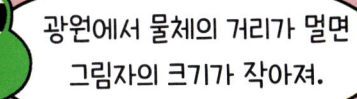

과학 X 파일

광원이 뭐야?

광원은 열 또는 빛을 스스로 내는 물체를 말해. 행성이나 달은 스스로 빛을 내는 게 아니라 다른 곳에서 오는 빛을 반사해서 빛이 나는 거야. 그러니까 광원이 아니지. 하지만 태양이나 별, 번개, 불 등은 스스로 빛을 내기 때문에 광원이라고 해. 사람이 인공적으로 만들어 낸 광원도 있어. 전등 같은 곳에 들어 있는 전구도 바로 광원이야.

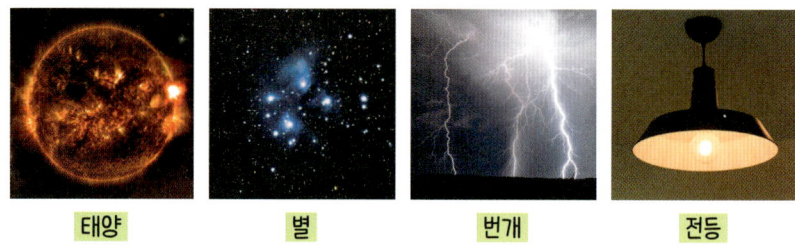

광원의 예: 태양, 별, 번개, 전등

반딧불이도 광원이라고?

여름밤에 반짝반짝 빛을 내며 날아다니는 반딧불이를 본 적 있어? 모습은 딱정벌레 같은데 반딧불이는 어떻게 빛을 낼 수 있는 걸까? 반딧불이의 몸 안에는 빛을 내는 발광 효소와 발광 화합물이 있는데 이것들이 산소와 반응하면서 빛이 나는 거야. 대부분 짝을 찾기 위해 빛을 내지. 스스로 빛을 내는 물체를 광원이라고 했지? 그러니까 반딧불이도 광원인 거야. 반딧불이뿐 아니라 심해에 살고 있는 빛나는 발광 물고기들도 모두 광원이야.

스스로 빛을 내면 모두 광원이라고 해!

빛의 종류와 가시광선

빛이 진동하는 동안 이동하는 거리를 파장이라고 해. 빛은 파장의 길이에 따라 여러 종류로 나뉘어. 가시광선에서 보라색 방향으로 갈수록 파장이 짧고, 빨간색 방향으로 갈수록 파장이 길어지지. 여러 가지 빛 중에서 우리가 눈으로 볼 수 있는 빛은 오로지 가시광선뿐이야.

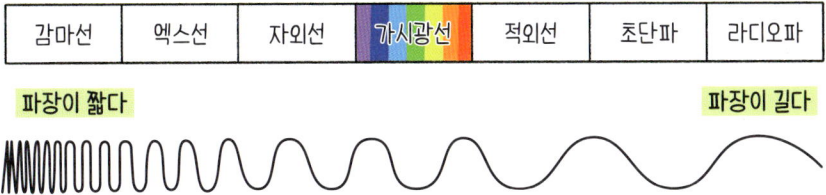

여러 가지 빛의 성질

빛은 똑바로 나아가려는 성질이 있어. 손전등이나 등대, 창문으로 들어오는 빛을 보면 빛의 직진 현상을 쉽게 알 수 있지. 직진하는 빛이 어떤 물체를 만나면 부딪히면서 꺾여 나오기도 하는데 이런 성질을 빛의 반사라고 해. 강물 표면에 햇빛이 부딪히면서 반짝반짝 빛이 나는 윤슬의 모습이 바로 빛의 반사 때문이야. 거울은 빛의 반사를 이용한 도구고, 물컵에 있는 빨대가 휘어져 보이는 굴절 현상도 빛의 대표적인 성질이야.

> **과학 교과연계**
> 4-2-3. 그림자와 거울, 6-1-5. 빛과 렌즈

색깔 그림자 놀이

준비물
전등 3개, 셀로판종이(빨간색, 파란색, 녹색),
투명 테이프, 투명한 물체(유리컵)

① 3개의 전등에 각각 빨간색, 파란색, 녹색의 셀로판종이를 투명 테이프로 붙인다.

② 셀로판종이를 붙인 전등을 하나씩 켜서 손에 비춰 본다.

③ 전등을 두 개씩 켜서 손에 비춰 본다.

④ 전등을 한꺼번에 모두 켜서 손에 비춰 본다.

⑤ 손 대신 투명한 물체를 전등에 비춰 본다.

※ 전등 대신 손전등이나 휴대폰 플래시를 사용해도 돼!

 **과학원리**

빨간색, 파란색, 녹색은 빛의 삼원색이야. 적절히 섞어 조절하면 어떤 색도 만들어 낼 수 있지. 빨간색과 녹색을 섞으면 노란색이 되고, 녹색과 파란색을 섞으면 청록색이 되는데, 빛의 삼원색을 모두 섞으면 백색광이라고 불리는 하얀색의 빛이 만들어져.

2장

숨겨진 비밀

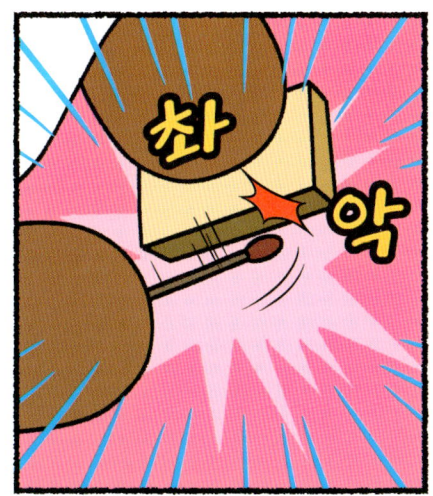

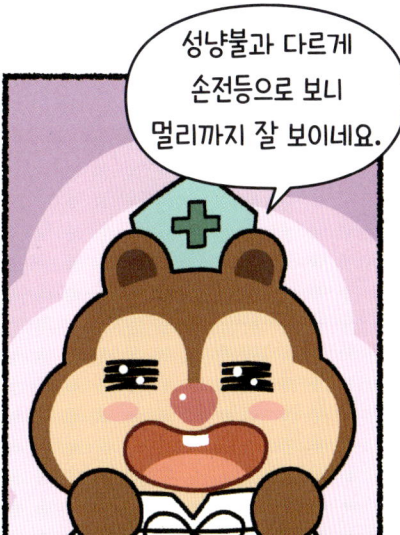

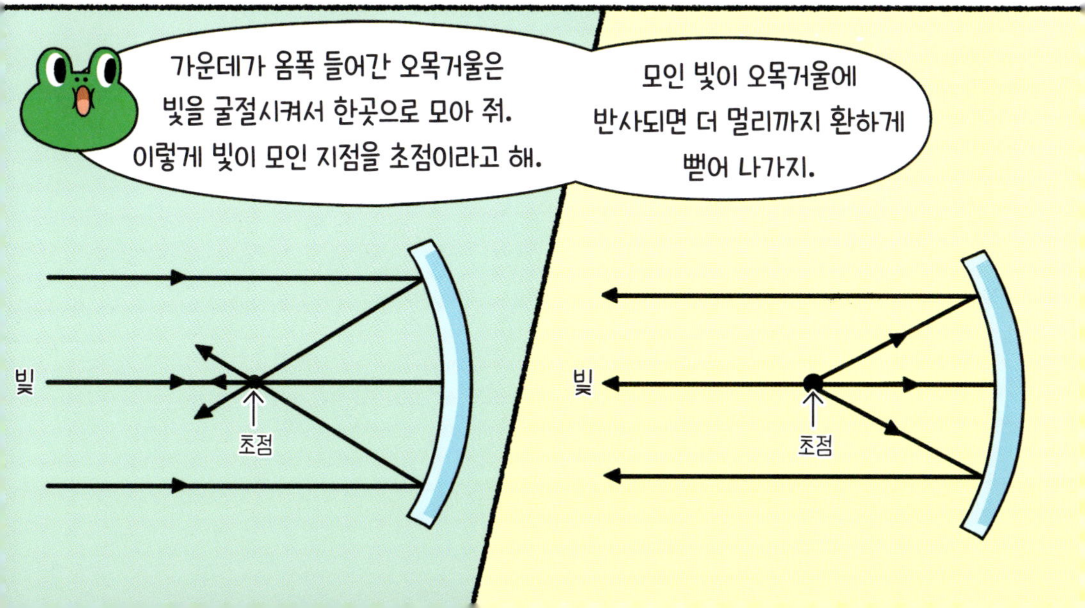

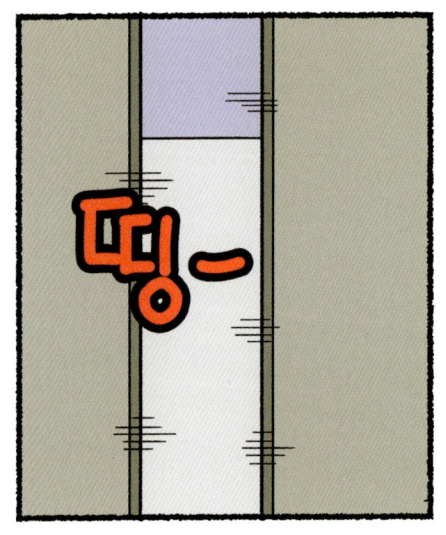

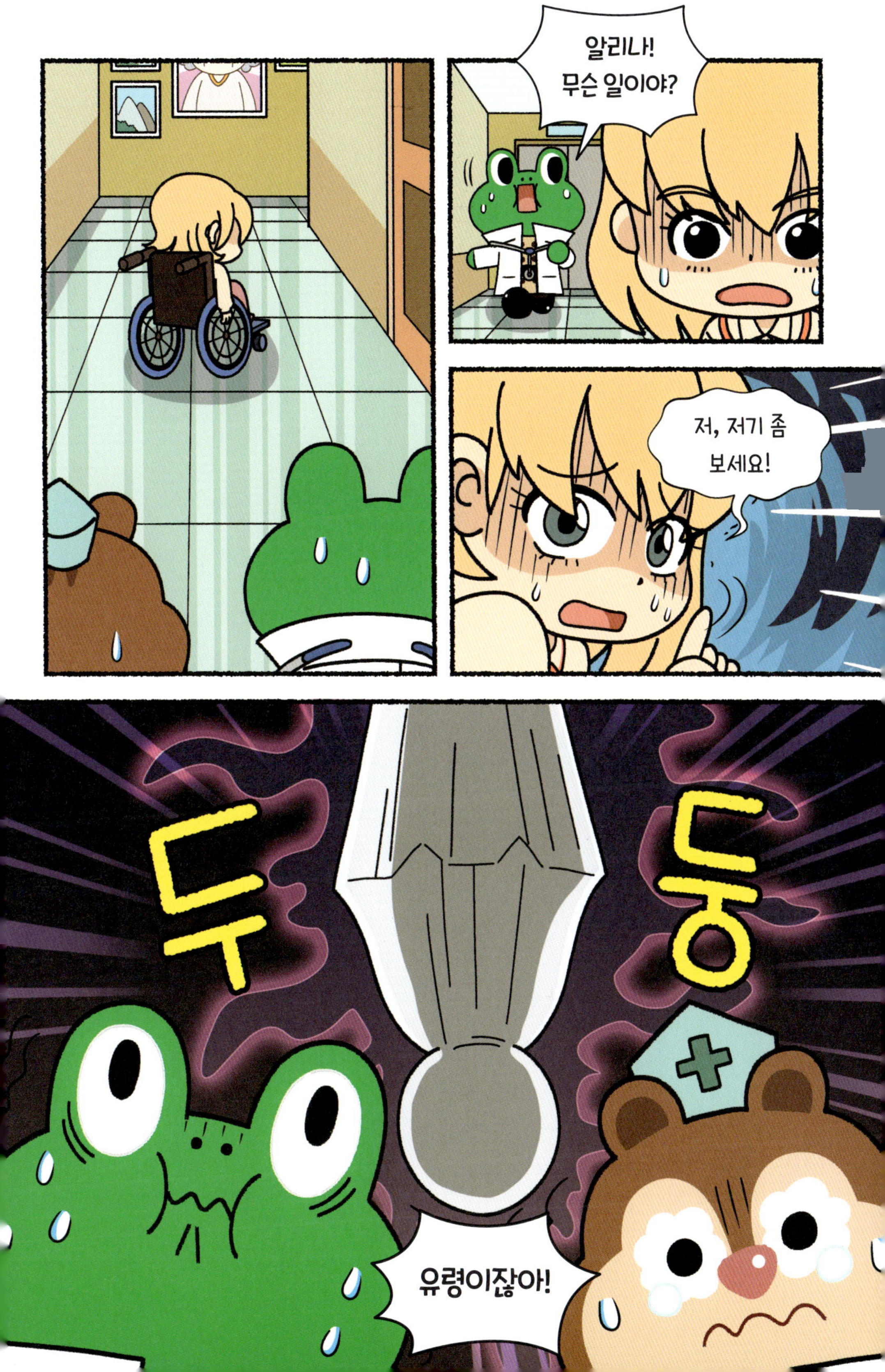

거울이 귀했다고?

지금은 거울이 흔하지만 옛날에는 아주 귀했어. 왜냐하면 거울이 태양이나 달처럼 빛을 내기 때문이야. 아주 오래 전 사람들은 태양이나 달을 가장 소중한 존재로 여겼거든. 처음에는 암석을 매끈하게 다듬어서 거울로 사용했어. 그러다가 기원전 3000년경부터 구리 등의 금속으로 거울을 만들었는데 구리로 만든 거울을 동경이라고 해. 중국에서는 동경을 옷에 달고 있는 사람이 빛을 내기 때문에 존중을 받게 됐지. 우리나라에선 고려시대에 형태나 문양이 다양한 청동거울이 많이 제작되고 사용되었어. 고려시대에 외모를 가꾸려는 일반 백성들이 많아졌기 때문이야.

넓은 면적을 볼 수 있는 볼록거울!

볼록거울은 가운데가 볼록하게 솟아 있는 거울이야. 자동차 운전석과 조수석 창문 옆을 보면 작은 거울이 하나씩 달려 있지? 이 거울을 사이드 미러라고 하는데 볼록거울을 이용한 거지. 사이드 미러 아래쪽을 자세히 들여다보면 '사물이 거울에 보이는 것보다 가까이 있음'이라고 쓰인 글씨를 찾을 수 있을 거야. 볼록거울을 사용할 때는 실제 거리감을 느끼기 어렵거든. 멀리 있는 것처럼 보이니 주의하라는 뜻이지. 그렇다면 왜 자동차 사이드 미러에 볼록거울을 사용할까? 볼록거울은 실제 크기보다 작고 멀리 있는 것처럼 보이지만 대신 거울 안에 넓은 범위를 비추거든. 편의점 벽에 달린 거울이나 굽어진 도로에 세워진 거울도 넓은 면적을 보기 위해 볼록거울을 사용해.

크게 볼 수 있는 오목거울!

오목거울은 가운데가 옴폭하게 들어가 있는 거울이야. 빛을 한 점으로 모아주는 성질이 있지. 햇빛이 내리쬐는 곳에 오목거울을 한참 대고 있으면 햇빛이 한곳으로 모이면서 불이 붙어. 올림픽의 성화는 이렇게 오목거울로 햇빛을 모아서 불꽃을 피우는 거야. 이렇게 빛을 모으는 성질은 물체를 더 크고 밝게 볼 수 있게 해 주기도 해. 그래서 작은 치아를 크게 보고 세밀하게 치료해야 하는 치과나 현미경 등에 쓰이고 있어.

과학 교과연계
4-2-3. 그림자와 거울, 6-1-5. 빛과 렌즈

거울로 등 뒤에 글자 맞추기

준비물

전신 거울, 손거울, 포스트잇, 사인펜

① 친구나 가족한테 포스트잇에 글자를 써서 등에 붙여 달라고 한다.
② 손거울과 전신 거울을 이용해 등 뒤의 글자를 확인하여 맞춘다.

 **과학원리**

손거울로 등 뒤의 전신 거울을 반사하여 뒷모습을 확인할 수 있어. 거울은 좌우가 반대로 보이는 특성이 있거든. 이 원리를 이용하면 글자 맞추기 놀이를 할 수 있어.

보물은 어디에?

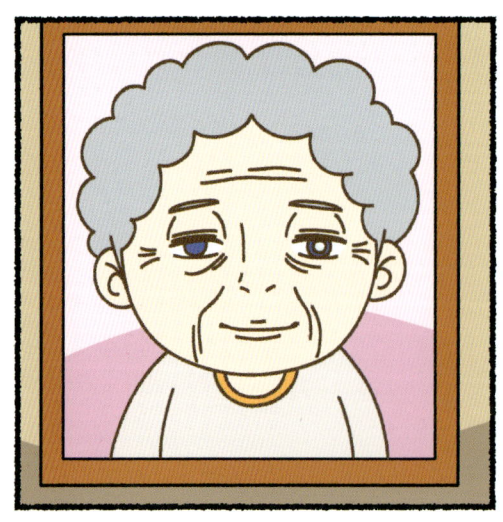

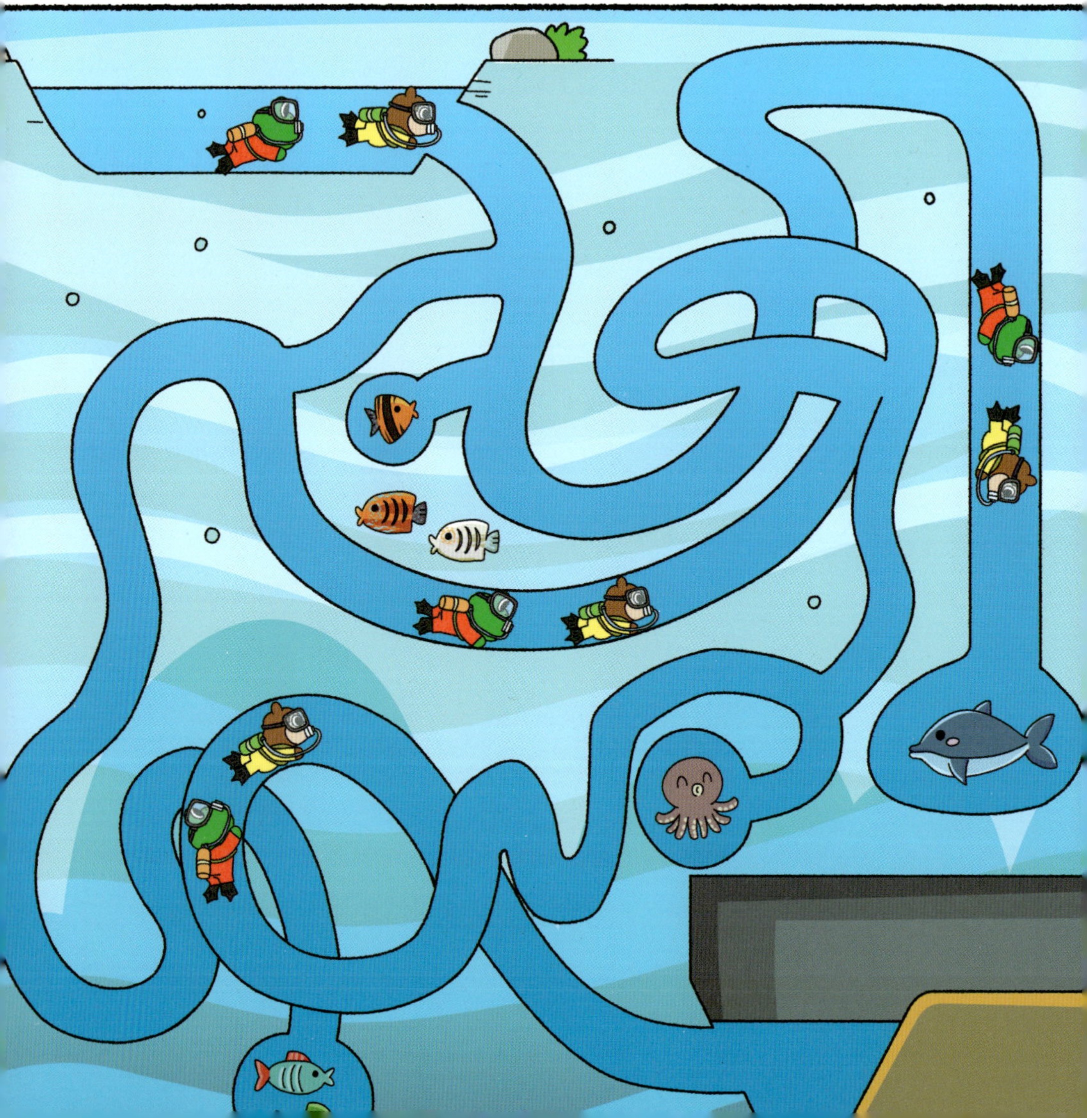

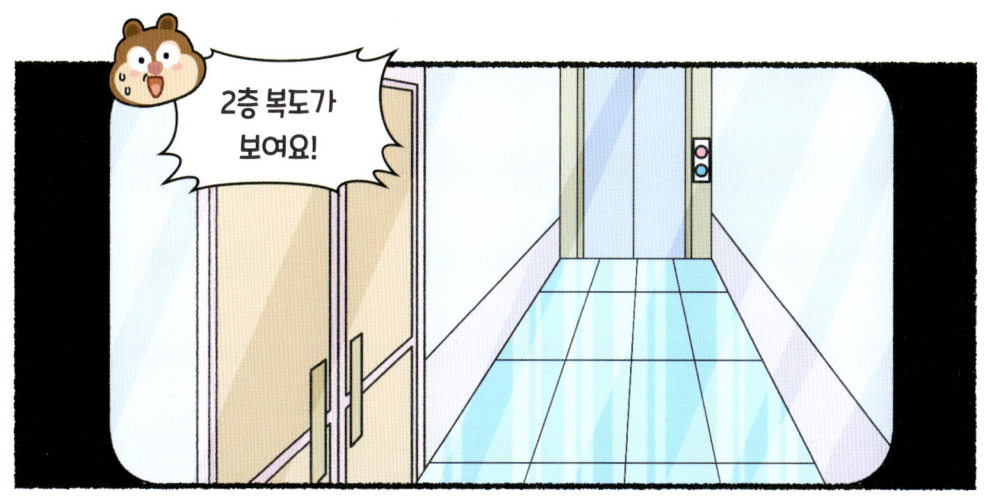

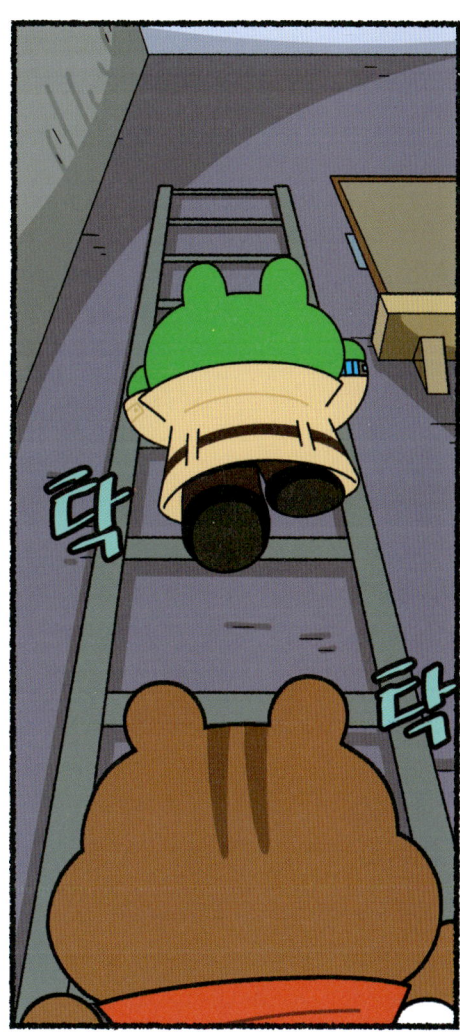

역시 2층 복도로 이어져 있어.

알리나를 감시하고 있었나 봐요.

범인은 집사 테리와 운전기사 아돌프가 맞는 것 같아.

과학X파일

적외선

적외선은 가시광선의 빨간색 바깥의 빛이야. 가시광선보다 파장이 길지. 우리 눈에 보이진 않지만 열을 내는 물체에선 모두 적외선이 나와. 당연히 우리 몸에서도 적외선이 나오고 있지. CCTV 영상장치, 체온계, 키보드, 리모콘 등에 적외선을 활용하고 있는데, 특히 적외선 카메라는 물체의 온도를 파악할 수 있어서 깜깜한 곳이나 밤에도 사물을 볼 수 있게 해줘.

자외선

자외선은 가시광선의 보라색 바깥의 빛이야. 적외선과 마찬가지로 눈으로 볼 수가 없어. 자외선은 사람 눈에 보이진 않지만 피부에 화상을 입히거나 상하게 할 수 있어. 우리가 자외선 차단제를 바르는 이유도 자외선으로부터 피부를 지키기 위해서지. 하지만 꼭 나쁜 것만은 아니야. 자외선은 우리 몸이 비타민D를 만들어 낼 수 있게 해 줘. 비타민D가 없으면 뼈가 약해지니까 몸에 꼭 필요한 영양소거든. 또 오염된 물건의 세균을 소독할 수도 있어. 범죄 현장에서 눈에 보이지 않는 혈액 흔적을 찾아낼 수도 있지.

자외선은 피부를 뚫고 들어오기 때문에 조심해야 하지만 오염된 물체를 소독할 수도 있어.

엑스선

빛은 파장이 짧을수록 물체를 더 잘 뚫을 수 있어. 엑스선은 자외선보다 파장이 짧아서 물체의 내부를 볼 수 있게 해 줘. 공항에서 위험한 물건을 꽁꽁 싸서 가방에 넣어도 엑스선을 이용해 촬영하면 가방 안에 뭐가 들었는지 바로 알 수 있지. 뿐만아니라 엑스선은 우리 살도 뚫고 들어갈 수 있어. 대신 밀도가 높은 뼈는 통과하지 못해. 이 성질을 이용해서 병원에서는 엑스레이 촬영을 하는 거야. 뼈의 모양을 보거나 몸속에 다른 물질이 있는지 알 수 있지.

> **과학 교과연계**
> 4-2-3. 그림자와 거울, 6-1-5. 빛과 렌즈

물컵 마술!

준비물: 투명한 유리컵, 빨대, 동전, 물, 식용유

① 투명한 유리컵에 물을 붓는다.
② 빨대를 유리컵에 넣는다.
③ 유리컵 속 빨대를 여러 각도에서 관찰한다.
④ 빨대 대신 동전을 넣고 관찰한다.
⑤ 물 위에 식용유를 조금 붓고 관찰한다.

 **과학원리**

빛이 곧게 나가다가 다른 물질을 만나 꺾이는 것을 빛의 굴절이라고 해. 공기 중의 빛이 물의 경계와 만나면 꺾여서 나아가는 거야. 여기에 식용유를 넣게 되면 빛은 물 외에 또 다른 물체를 만나게 되니까 한 번 더 굴절이 생겨.

빛의 역습

신기루요?

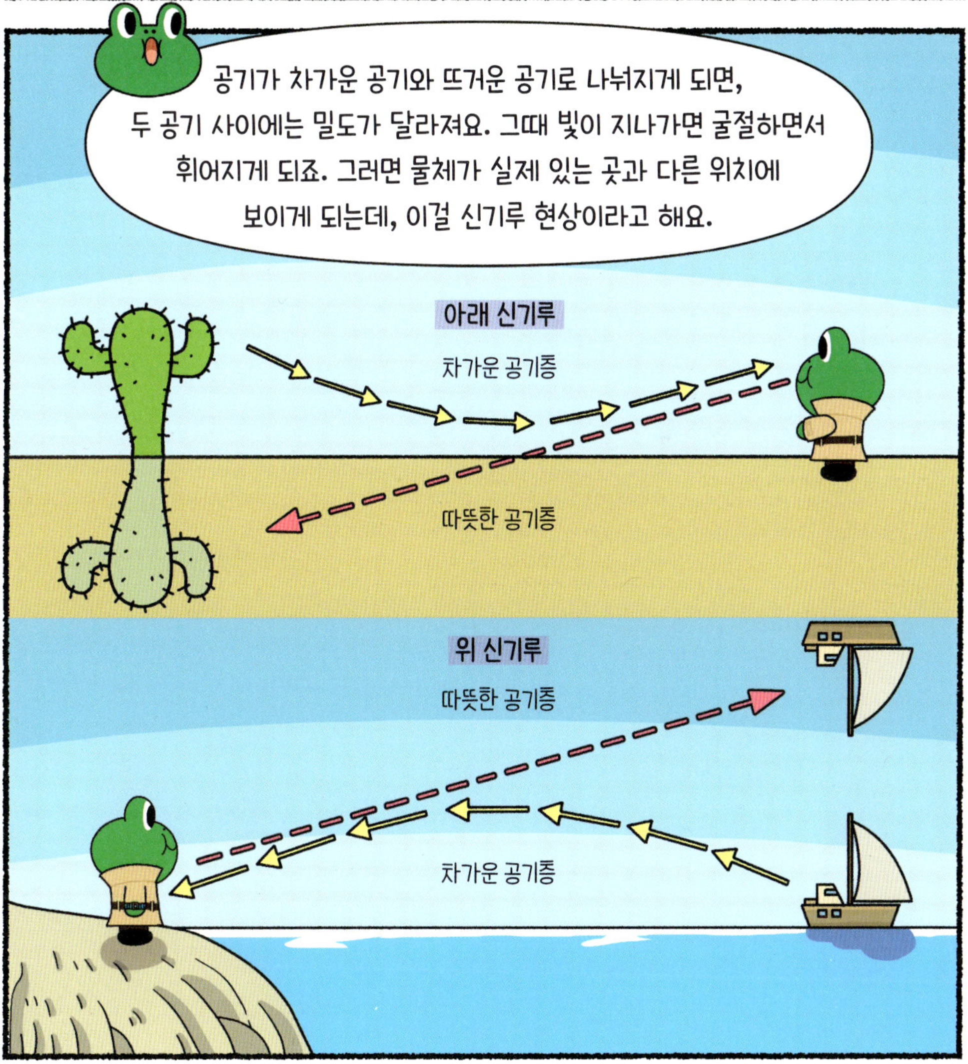

공기가 차가운 공기와 뜨거운 공기로 나뉘지게 되면, 두 공기 사이에는 밀도가 달라져요. 그때 빛이 지나가면 굴절하면서 휘어지게 되죠. 그러면 물체가 실제 있는 곳과 다른 위치에 보이게 되는데, 이걸 신기루 현상이라고 해요.

아래 신기루

차가운 공기층

따뜻한 공기층

위 신기루

따뜻한 공기층

차가운 공기층

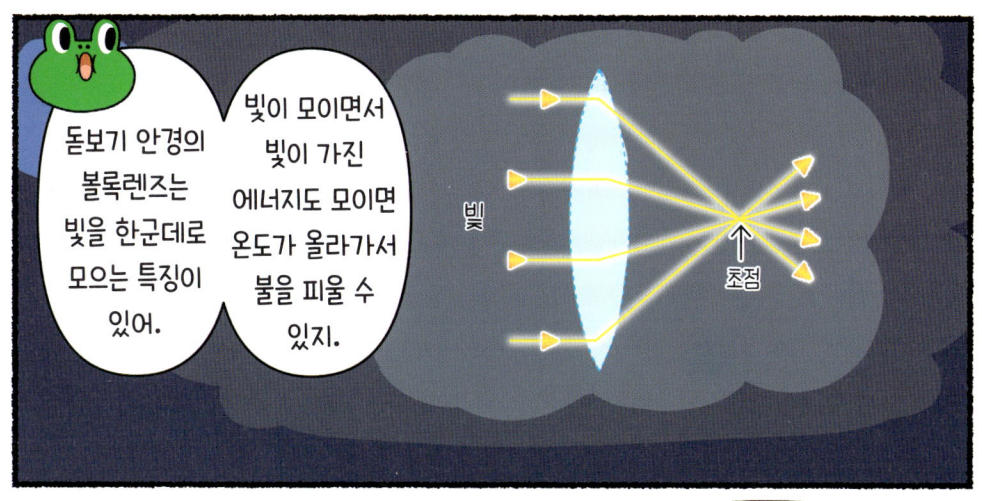

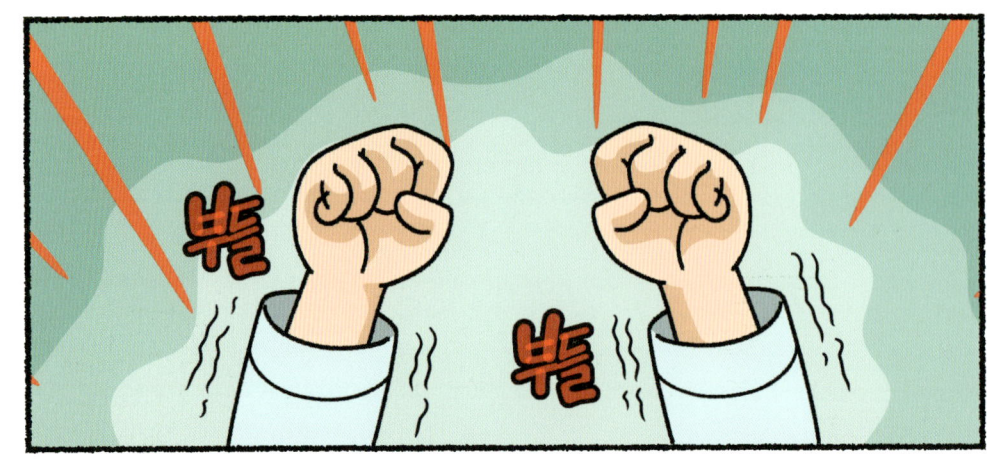

와~! 이건 무지개잖아요!

우리 눈에 보이지는 않지만 빛은 여러 가지 색깔로 이루어져 있어.

이걸 사용하면 네가 원할 때 언제든 무지개를 만들 수 있을 거야.

비가 온 뒤 물방울에 햇빛이 반사되어 여러 색이 나타나는 무지개처럼 말이지.

와~

미스터리 탐정 보고서

사건명: 유령을 보는 아이

사건 번호: SS-N2309   사건 장소: 하인츠 성

사건 결과

★ 알리나를 놀라게 했던 유령은 사실 신기루를 이용해 만든 가짜였다.

★ 지하실을 찾을 때 빛의 굴절 현상이 큰 도움이 됐다.

★ 악당들에게는 공포의 레이저 쇼를 선물했다.

★ 미스터 블랙은 반드시 내 손으로 잡을 것이다! 각오해라, 미스터 블랙!!

★ 유령은 없었지만 세상엔 유령보다 무서운 악당들이 있다.

과학 X 파일

인간의 한계를 극복하게 해 주는 렌즈

우주에는 무엇이 있을까? 이탈리아의 과학자 갈릴레오 갈릴레이는 이런 궁금증을 가지고 있었어. 갈릴레이는 네덜란드의 안경점 직원이 렌즈 두 개를 겹쳐서 물건을 크게 보이게 하는 망원경을 발견했다는 이야기를 듣고 볼록렌즈를 구해서 연구했어. 그 결과 인류 최초로 목성과 이오, 유로파, 가니메데, 칼리스토라는 네 개의 위성을 발견했지. 그래서 이 4개의 위성을 갈릴레이 위성이라고 부르기도 해.

지금은 커다란 거울을 이용한 망원경들로 더 먼 우주의 비밀을 밝혀내고 있어.

그림자는 왜 생길까?

빛은 앞으로 곧게 나아가는 성질이 있어. 빛의 직진이라고 부르지. 앞으로 나아가다가 어떤 물체에 막히면 빛은 앞으로 나아가지 못해. 대신 물체 뒤에 그늘이 생기게 되는데 이 그늘이 바로 그림자야. 그러니까 그림자는 빛이 직진하는 성질 때문에 생기는 현상이지. 그림자의 방향과 크기는 빛의 위치에 따라 달라져. 공원에서 큰 나무의 그림자를 한참 관찰해 보면 시간에 따라 그림자의 모양과 위치가 달라지는 걸 볼 수 있을 거야.

그 이유는 하루 동안 태양의 위치가 계속 바뀌기 때문이야. 그림자는 빛이 가까울수록 커지니까 태양의 높고 낮음이나 동쪽에서 서쪽으로 움직이는 위치에 따라 그림자의 모습이 계속 바뀌는 거야.

신기루

빛은 한 물질에서 다른 물질을 지나갈 때 방향이 꺾이는 특성이 있거든. 이런 현상을 빛의 굴절이라고 해. 빛의 굴절은 물체가 실제 위치가 아닌 다른 곳에 있는 것처럼 보이게 만들어. 실제로는 바닥에 있는 물체가 공중에 떠서 보이거나 실제보다 가깝게 보이는 거지. 이걸 신기루 현상이라고 말하는 거야. 사막에 실제로 호수가 없는데도 사람들이 여기저기 찾아 헤매게 되는 경우도 있고, 여름철 도로 위에 물웅덩이가 나타났다가 가까이 가면 사라지는 경우도 있지. 그렇다면 신기루는 왜 생기는 걸까? 뜨거운 공기는 차가운 공기에 비해 밀도가 낮아. 이렇게 공기의 밀도 차이가 생기면 빛은 차가운 쪽으로 굴절하게 돼. 온도 차가 있는 공기로 빛이 들어오면 그 빛은 공기가 차가운 쪽으로 굴절되어 물체가 공중에 떠 있는 것처럼 보이는 거야.

공중에 떠 있는 것 같지만 신기루 때문에 생긴 착시 현상이다.

물속에서도 물 밖을 볼 수 있다고?

깊은 물속이나 벽으로 막힌 곳에서도 바깥 모습을 볼 수 있게 해 주는 도구가 있어. 바로 잠망경이야. 잠망경은 잠수함에서 물 밖을 보기 위해 만든 거울 도구야. 잠망경의 아래와 위에 거울을 각각 45도가 되도록 붙여 주면 물체에 반사된 빛이 위쪽 거울로 들어오고 아래쪽 거울까지 반사되면서 우리가 볼 수 있게 되는 거야.

프리즘

프리즘은 유리처럼 투명하고 평행한 두 개의 면을 가지고 있는 고체야. 보통 삼각 기둥의 형태가 많아. 프리즘은 빛을 여러 방향으로 분산시켜. 빛은 진동하는 수에 따라 휘어지는 정도가 다른데, 적게 휘어질수록 빨간색이 되고 크게 휘어질수록 보라색이 되는 거야. 그래서 흰색의 빛을 받아도 무지개처럼 다양한 색상으로 분리되는 거지.

> 과학 교과연계
> 5-1-3. 태양계와 별, 6-1-5. 빛과 렌즈

볼록렌즈로 빛을 모아 볼래?

주의: 안전을 위해 보호자와 함께하고, 돋보기로 빛이 모이는 밝은 곳을 너무 오래 보지 않도록 해!

준비물

돋보기, 종이

① 햇볕이 좋은 날에 밖으로 나간다.
② 종이를 바닥에 놓고 돋보기로 초점을 맞추어 빛을 모은다.
③ 빛이 하얀 점이 되도록 모아 본다.
④ 거리를 가깝게 했다가 멀리하면서 초점을 맞추어 본다.

햇빛을 모아 불을 피우자!

과학원리

빛이 직진하면서 볼록렌즈에 닿으면 한곳으로 모이는 성질이 있어. 이렇게 빛을 모으면 불을 붙여서 물체를 태울 수도 있지. 투명한 비닐봉지에 물을 담아서 햇빛이 있는 곳에서 초점을 맞추기만 해도 돋보기가 되어 불을 피울 수 있어.

다양한 SNS 채널에서
아울북과 을파소의 더 많은 이야기를 만나세요.

인스타그램
@owlbook21

페이스북
@owlbook21

네이버카페
owlbook21

네이버포스트
아울북 and 을파소

③ 유령을 보는 아이

글 김정욱 그림 유희석 정보 글 서원호
감수 카이스트 과학 영재교육원 연구원 김희목 권경아
초판 1쇄 발행 2024년 7월 10일
초판 2쇄 발행 2024년 12월 2일

펴낸이 김영곤
프로젝트2팀 김은영 박시은 김지수 권정화 이은영 오지애 우경진 디자인 박지영
아동마케팅팀 장철용 양슬기 손용우 최윤아 송혜수 이주은 명인수
영업팀 변유경 김영남 강경남 최유성 전연우 황성진 권채영 김도연
IPX 강병목 임승민 김태희

펴낸곳 ㈜북이십일 아울북 출판등록 2000년 5월 6일 제406-2003-061호
주소 (우 10881) 경기도 파주시 문발동 회동길 201
연락처 031-955-2100(대표) 031-955-2401(내용문의) 031-955-2177(팩스) 홈페이지 www.book21.com
ISBN 979-11-7117-666-3 (77400)

Licensed by IPX CORPORATION

본 제품은 아이피엑스 주식회사와의 정식 라이선스 계약에 의해 ㈜북이십일에서 제작, 판매하는 것으로
아이피엑스 주식회사의 명시적 허락 없이는 어떠한 경우에도 무단 복제 및 판매를 금합니다.

＊책값은 뒤표지에 있습니다. ＊잘못 만들어진 책은 구입하신 서점에서 교환해 드립니다.

· 제조자명 : ㈜북이십일
· 주소 및 전화번호 : 경기도 파주시 회동길 201(문발동)
  031-955-2100
· 제조연월 : 2024년 12월 2일
· 제조국명 : 대한민국
· 사용연령 : 3세 이상 어린이 제품

레너드 요원의 비밀 수사를 도와줘!

레너드 요원과 변신 용품들을 오려서 붙여 보세요!

비밀요원 레너드

★ 함께 읽으면 좋아요! ★

배꼽 잡고 웃다 보면 문해력이 쑥쑥

알쏭달쏭 우리말?
비밀요원 레너드와 끝장내자!

레너드 요원과 뛰어 놀 사람
여기 여기 붙어라!

비밀요원 레너드가
게임 천재로 찾아왔다!